সেই মেয়েটা

অভিষেক দাস

Copyright © Abhishek Das
All Rights Reserved.

This book has been published with all efforts taken to make the material error-free after the consent of the author. However, the author and the publisher do not assume and hereby disclaim any liability to any party for any loss, damage, or disruption caused by errors or omissions, whether such errors or omissions result from negligence, accident, or any other cause.

While every effort has been made to avoid any mistake or omission, this publication is being sold on the condition and understanding that neither the author nor the publishers or printers would be liable in any manner to any person by reason of any mistake or omission in this publication or for any action taken or omitted to be taken or advice rendered or accepted on the basis of this work. For any defect in printing or binding the publishers will be liable only to replace the defective copy by another copy of this work then available.

প্যাঁচানি তোকে ...

বিষয়বস্তু

বিষয়বস্তু

অনুক্রমণী

সুকুমার রায় পড়ে একটা পাগল ছেলে যখন বিজ্ঞান শেখার স্বপ্ন দেখে, লাইব্রেরিতে খুনসুটি হয় অচেনা একটা মেয়ের সাথে, মাঝরাতের গিটারে বা বিকেলের ইউনিভার্সিটির রাস্তায় ভেসে আসে পাহাড়িয়া সুর, টাইট্রেশন এর লাল রঙ আছড়ে পরে বান্ধবীর নির্দয় ঠোঁটে। ভোরে আসা জ্বরে, মায়ের বকা, একটা খারাপ পরীক্ষা থেকে মফঃস্বল এর বৃষ্টিতে এবং স্পন্দিত হৃদয়ের অনুযোগহীন কম্পনে...

সেই সমস্ত মুহূর্তে এই লেখাগুলির জন্ম। তাই সমস্ত ফর্মুলা মেনে পরিপূর্ণ কবিতা হয়ে ওঠার দায় এদের নেই। তবে এখানেও আছে একটা অগোছালো ছেলে আর একটা খেয়ালি মেয়ে। আর আছে নিঃস্বার্থ আত্মসমর্পন। তা বলে কি নতুন কিছুই নেই! প্রতিটা নতুন প্রেমই তো আসলে নতুন একটা গল্প, তাই নয় কি?

তাই সব লেখাগুলোই ওই 'পাগল' ছেলেটা, 'সেই মেয়েটা' আর তাদের মতো আরো অনেকের 'প্রেম' থেকে 'ভালোবাসা'য় উত্তীর্ণ হওয়ার সফরনামা ।।

-রিতম কর

ভূমিকা

গোটা বাইশটা বছর বিভিন্ন ভাবে এক তরফা/ ইমাজিনারী / প্রেমহীন ভাবে কাটানোর পর শেষমেষ কল্যাণী ইউনিভার্সিটি তে পদার্পণ করেই জীবনে বসন্ত এসে গেছে হঠাৎ করেই । ঐযে বলে না যেকোনো সেরা জিনিসই হঠাৎ করেই হয়, তো গল্পের বই, সিনেমা, গান এসবে র থেকে ধারণা করা গিয়েছিলো যে টুকু তাতে করে প্রেম ছিলো নিছক ই দিল্লিকা লাড্ডু । এর পর ক্রমশ প্রেমে পড়া এবং রীতি মত প্রেম করা এমন একজন মানুষের সাথে, যে কনফিডেন্স হারানো একটা মানুষের মধ্যে ধীরে ধীরে বসন্তের রঙের মতন করেই কনফিডেন্স এর রঙ এনে দিয়েছে । ভালোবাসার বিনিময়ে দেওয়ার মতন কিছুই নেই, তবু সামর্থ্য মতন কিছু টা ভালোবাসার রঙ ফিরিয়ে দেওয়ার চেষ্টা করলাম তাকে, এই আবোলতাবোল কবিতা গুলোর মাধ্যমে । এটা আমার প্রেমিকার প্রতি আমার ভাবনার একটা দলিল যা এই মুহূর্ত থেকে আমি তুলে দিলাম পাঠক/পাঠিকার হাতে, বাকি টুকু তাঁরাই বিচার করবেন ।

-অভি

স্বীকার

সেই মেয়েটার জন্য কটা কথা

তাকে দেখে মনে হয়েছিলো কোনো ইউরেশীয় দেশের মেয়ে । পরে তাকে কাছ থেকে জানতে গিয়ে বুঝি আমার সব টুকু ভুল ছিলো। সে আসলে নিজেই একটা আস্ত মহাদেশ। তার গভীর দুটো চোখের কালি সহজেই বলে দেয় তারা অসংখ্য রাত জাগার সাক্ষী । তাকে ভুল করে অন্ধকারের দেশ বলে ফেলতে পারা যায়, তার চুল যেনো মখমলি আবেশে ঢাকা, তার কায়দা কানুন সবই মাটির কাছাকাছি। তাকে দেখে যখনই রহস্যময়ী মনে হয়েছে সে সহজ ভাবে হাত বাড়িয়ে দিয়েছে। তার কাছে সহজে ফেরা যায়...

১. শুরুয়াত

তুমি এসেছো হিমেল হাওয়ার পরশ মেখে গায়ে।
বসন্ত সবে নাড়ছে এসে কড়া
ঘাসের ভিড় ঢেকে গেছে দুই পায়ে,
এমন ভাবেই শুরু আমাদের পথ চলা।।
কাদের গানে রাত্রি হয়েছে সারা,
কাদের ঘুমে চাঁদ এসেছে বাড়ি ?
এখন কোনো বেহায়া পাখির ডাকে
তোমার নামেই রাত নামাতে পারি ।

2. (২)

তবু আমাদের মাঝে আছে এক বিস্তীর্ণ অরণ্য

এখানে নির্জনতা সৌরভ ছড়িয়ে দিয়ে যায় পলে পলে।

আমাদের চোখ জোড়ার মধ্যে এক সমুদ্র ব্যবধান

আর শরীর দুটো হয়ত এক আলোকবর্ষ।

আমাদের কথা নেই শিলালিপি আছে

আমাদের ঘুম নেই তুষারপাত আছে।

ভেবে দেখো কতদিনে থামাতে পারবে এই একতরফা প্রলাপ,

দিন পেরিয়ে দশক, দশক পেরিয়ে যুগ, যুগ পেরিয়ে শতাব্দী

হয়ত সময়ের চেয়েও প্রাচীন এই প্রলাপ।

বিশৃঙ্খলতাই ক্রমশ স্পষ্ট করেছে এই অনুরণন কে।।

১. (৩)

একটা কঠিন করে লেখা পয়ারী ধাঁচের কাব্য
ফের আগুন ছুঁলে আঙুল আমি নতুন করে ভাববো।
একটা মজলিশী ভাবাবেগে গাওয়া বিলাশপুরী তান
আমায় নতুন করে ভাবায় তাদের একপেশে ডাকনাম।
কোনো ভৈরবী রঙা বিষাদ যদি ঘন হয়ে ফের আসে
আমি বাঁধবো সে সুর গাইবো কিছুটা সাবলীল অনায়াসে।
যেমন একলা ধাওয়া নদী অনেক গল্প বুকে টানে
অনেক গভীর বনের পাখি তেমন ভোরের গন্ধ চেনে।
আমি তোমায় খোঁজার নামে ঘুরেছি নামাজে মোড়ানো উঠোন
কখনো মন্দিরে জ্বালা আলোয় কিংবা যীশুর তপোবন।
আমি বুদ্ধের হাঁটা পথে তোমায় খুঁজেছি বহুমাস
শেষে ক্লান্ত হতেই বুঝি তুমি আমারই চারপাশ।
আসলে যতবারই আমি ভাবি এবার নিজেই কবি হবো
    তুমি পাহাড় বরফ ভেঙে চোখে ঘুম হয়ে এসে নামো।।

4. (৪)

তুমি ফ্যাকাশে বিকেলে বারুদে ভেজানো ঘ্রাণ
কিছু জল্পনা মাখা ট্রামলাইনের ধারে
আমার শহর পড়ছে আলোয়ান ।
ফেস্টুনে ঢাকা এক কামরার ঘরে
এক সমুদ্র চোখ হারানোর ভয়
দ্বীপের খোঁজে নাবিক যাচ্ছে মরে
খবরে বলছে এমনই নাকি হয়।
তুমি উপমাতে মাত করা ভাবাবেগ
পথ চিনে চলা যাযাবরী কোনো ধুন
শীতের রাতের অসময়ী বৃষ্টিতে
তারার দলকে জাপটে করছো খুন।
তুমি লম্পট দাম্ভিকের চোখে জ্বলে ওঠা লালসা
তুমি বেঁচে ওঠা পাষাণের হিয়া ভরা দুরাশা।
তোমাকে যেভাবে যেটুকু ভাবি মাত করে ফেলে উপমায়
তুমি তত টুকু দূরে গিয়ে শুধু ফেলে দাও দোটানায়।।

5. (৫)

তুমি কি জানতে তোমার অজান্তে
ফুটিয়েছি কত কৃষ্ণচূড়া?
তবু এ প্রান্তে আবার একান্তে
খুঁজতে চেয়েছি তোমার পাড়া।
কি ভীষণ ভারী আমিও আনাড়ি
ঘুম মাখা চোখে খুঁজে চলি বাড়ি।
ঝোলা নিয়ে কাঁধে বিনা অপরাধে
নিজেকেই করি দোষী প্রতিবারই।
তুমি কি ভাবতে বেনামে ডাকতে
চেয়েছি আমিও মাত্রাছাড়া!
তবু হাসি রেখে সুর দিয়ে ঢেকে
শুনিয়েছি কত গল্প না বলা।

৬. তোমাকে যেভাবে চেয়েছি...

তোমাকে চেয়েছি না চাওয়ার মতো করেই,
যেদিন গুলোতে একটা গড়পড়তা গন্ধ লেগে থাকে
যে দিন গুলোতে ঘড়ির দিকে তাকাতে হয় না
আমি এমন দিনে তোমাকে চেয়েছি।
আমি সময়ের মতন প্রবাহী হবো।
তোমার কবিতায় মোড়া সৌন্দর্য,
যার কারণে হাজার প্রেমিকেরা হরতালে নেমেছে প্রতিবার
ধুইয়ে দেবো আমার প্রবল স্রোতে।
তুমি দু চোখ জুড়ে স্বপ্ন টুকু রেখো,
দিনের শেষের তোমার তুমি টাকে
আমি আড়াল করে নেবো গোটা বিশ্বের থেকে।
একটা প্লেটোনিক প্রেমের আদলে আমরা ভালোবাসবো,
    অথচ নিজেদেরকেও ঘুণাক্ষরে জানতে দেবো না।

7. তোমাকে রহস্যময়ী

হিমশীতল একটা জানলার কাঁচ বেয়ে যে রাত্রে খসে পড়েছিলো
একটা শিশিরকনা
সে রাত্রে তুমি এসেছিলে একটা ঝিঁঝি পোকার গানের রেশ
হয়ে।
যখন স্কুল ছুটি রঙের একটা বিকেল নেমেছিলো সবুজ ঘাসের
মাথা ছুঁয়ে
সেই বিকেলের হাওয়া বয়ে এনেছিলো তোমার হাসির রেশ।
তুমি জানতেও পারোনি তর্কে তর্কে অনেক দুপুরই কেটেছিলো
তোমার চোখে চোখ রেখে,
তুমি বুঝতেও পারোনি তোমার নাম না করেই
তোমায় খুঁজেছি অনেক গানে।
আসলে আমি এখনো জানি না কোন রহস্যে আমি অভিভূত
হই
কিসের অভিলাশেই বা তোমায় ছুঁতে চাই
আমার জানা নেই কোন কারণে তোমায় পেতে চাই
কেনই বা খুঁজি তোমায় দেখার কারণ।
প্রেমিকা বহু দেখেছি আজ অবধি
তাদের চোখে থাকে শীতের দুপুরের মিঠে রোদের আমেজ
তোমার দুটো চোখ রহস্যে ভরা
ডুবে যেতে বেশ লাগে।।

৪. (৮)

‘যেই বিকেলে জ্বর আসে, সেই বিকেলের মতো তুমি এসে দাঁড়িয়েছো’

হাত তিনেক দুর হবে আমার ভেজা জামা থেকে তোমার শুকনো কুর্তির ঠিকানা।

আমাদের সম্পর্ক এখনও চোখা চোখি র গণ্ডি ও পেরোয় নি এমন সময় তুমি কপাল, ভ্রূ কুঁচকে " এদিকে এতো জায়গা থাকতে খামোখা বৃষ্টির মধ্যে ভেজা হচ্ছে কেনো! রোগটোগ বাঁধানোর ধান্দা নাকি?"

না বৃষ্টি নিয়ে ফ্যান্টাসি তে কোনো মতেই ভিজছিলাম না এটুকু নিজের কাছেও পরিষ্কার।

বরং হকচকিয়ে গেলাম খানিক, নিজের কাছেই গোল্লা পাকিয়ে গেলো সব।

তিন মাসের সাক্ষাতে এখনও সাক্ষাৎ না হওয়া একটা সম্পর্কের ক্যালকুলাস এ ডুবে যেতে যেতে মনে হলো,

"কতদূর? কলেজ মোড় নাকি সেন্ট্রাল পার্ক?, আপনার নামটা!, আপনি আকাশ দেখেন? প্রিয় কবি?"

এসব সাতপাঁচ ভাবতে ভাবতেই বৃষ্টি থেমে গেলো।

তোমার বাস আসার পর কপালের ভাঁজ সরিয়ে একটা স্বস্তির হাসি মুখে জড়িয়ে তুমি চলে গেলে।

আমি দূরে বাসের মিলিয়ে যাওয়া ধোঁয়া র দিকে তাকিয়ে সম্বিৎ ফিরে পেতেই খেয়াল হলো ওই বাস টায় তো আমিও যাই রোজ ই।

তবে সম্পর্ক টা এখনও তুমি,আপনি কিংবা তুই
কোনটার ই স্বীকৃতি পেলো না।।

৯. যেভাবে তোমায় পাই

যেখানে এসে আমার কাব্য থমকে গেছে
একটা ব্লার হয়ে যাওয়া দৃশ্যপটে , একটা ক্ষয়ে যাওয়া
গাড়ির বনেটে
আমি নিয়মিত বেনিয়মি দের ভিড়ে নাম লেখাই ,
আবোলতাবোল ছড়িয়ে রাখি তোমার আসার পথে। তোমার
এক পৃথিবী হাসির ঝলকানি যখন আলোর বেগে পাশ
কাটিয়ে যায় এন্ড্রোমিডা কে , আমি সেই পথে চেয়ে থাকি
একটা ভিন্ন স্পেসটাইমে।

১০. ওকে বলে ছিলাম যে টুকু

ওকে বলে ছিলাম যে টুকু , তাতে সব টুকু জুড়েই বলা
ছিলো ও আমার মতোই।
শুধু ওকে বলা হয়নি
একটা বৃষ্টি দিনের পরে আমি কৃষ্ণচূড়ার ফাঁকা ডালের দিকে
তাকিয়ে অপেক্ষা করছিলাম মরশুমের প্রথম কুঁড়ির। আমি
বলতে পারিনি ওকে
গড়পড়তা দিনে আমি আয়নার দিকে তাকাই,
লোডশেডিং এর দিনে হারিকেন জ্বালাই,
পাতের খিচুড়িই বৃষ্টি নামায় ইলশেগুঁড়ি।
ও জানতো,
আমি ভুট্টা খেতে হাঁটবার প্রতিশ্রুতি দিয়ে আসলে কর্নওয়ালিশ
স্ট্রিটে হাঁটবো,
চুলে ঝোড়ো হাওয়া , চোখে বিকেল রোদ, আর হাতে
চিনাবাদাম রাখবো।
ওকে বোঝাতে পারিনি,
আমরা এভাবে পাশাপাশি হেঁটে আসলে নিজের থেকে দূরে
সরে গেছি
দুজন দুজনের দিকে হাঁটতে গিয়ে নিজের থেকে উল্টো দিকে
হেঁটেছি।
সব শেষে আমাদের কথা ফুরিয়ে গেলো,

তাই এখন কেউ কাউকে কিছু বলছি না
শুধু উঠোনে জমা জলে আঁকিবুকি কাটছি দুজনে।

১১. আমি ও তুমি

আমি শান্তি খুঁজতে ভিড়ের থেকে পালিয়ে বেড়াই
আমি তোমায় পাই নিজেকে হারাই
নিজেকে পাই তোমায় হারাই
আমাদের সহাবস্থান হয় না।
একটা বুকে মোচড় দেওয়া সন্ধ্যে বেলায়
শব্দের দারিদ্র চলে আমার দু ঠোঁট জুড়ে।
নিজের সামনে দাঁড়াই তোমায় হারাই
তোমার সামনে দাঁড়াই নিজেকে হারাই
আমাদের দেখা হয় না।
আমি বিদ্রোহ বিপ্লব আঁকা তোমার দুচোখ জুড়ে
আগুন খুঁজে চলি
আমি দুটো টলটলে দীঘি খুঁজে পাই
নিজেকে দেখতে পাই তোমায় হারাই,
তোমায় দেখতে পাই নিজেকে হারাই।
কোনো শূন্য শীতল রাতে কার্নিশ বেয়ে আসা জোৎস্না
আমার বিছানায় আশ্রয় চায়
আমি জানলা বন্ধ করে দিই
আমার শীতের দিনের চাদরে তোমায় পাই
তোমার শীতের ওমের আদরে নিজেকে হারাই।।

12. (১১)

আমার ঝিম ধরে আসা রাতের প্রণয়িনী,
তোমাকে লোপাট করেছিলাম কোনো হেমন্তের দিনে ।
যেদিনে কোনো কবির কবিতা পায় না
কোনো গায়কে গান গায় না
আমি ঠিক সেরকম একটা খাপ ছাড়া মুহূর্ত তোমায়
দিয়েছিলাম।
আমার অভ্যাস বসত লেখা প্রতিটা স্তবক
যেগুলো পাঠিয়েছি কিছু বন্ধ দরজার ঠিকানায়
কোনোটাই নাগাল পায়নি তাদের ।
বরং যা কিছু অমিল ছিলো ছন্দে , যা কিছু ছুঁড়ে ফেলা
গিয়েছিলো
সব টুকু কুড়িয়ে নিয়েছো তুমি।
যেই দিনগুলোয় মন খারাপ কমে না
সেই দিন গুলোয় আলো জ্বেলে দিয়েছো মাথার কাছে এসে।

13. আমাদের প্যালিনড্রোমিক প্রেম

আমি ঝরঝরে তুমি গোছানো
যেনো প্লাজমিডে জি সি মেলানো।
আমি নড়বড়ে তুমি পোক্ত
রাখি পিপেটেই হাত শক্ত।
আমি পাপোশে তুমি আপোষে
মাতি ব্যাকটেরিয়ার নিকেশে।
আমি মেঘেদের মত উঁচু
তোমায় খুঁজি করে মাথা নিচু
আসলে ডি এন এ র পিছু পিছু
আমরা মিশে গেছি কিছু কিছু।
আমি চিনিতে তুমি লবণে
স্বাদ বুঝে খুঁজি গান কিটোনে।
আমি বেপরোয়া তুমি মুক্ত
হয়েছি টোপোলজিকালী যুক্ত।

14. (১৩)

কেউ ভুল বলে
ঠিক কেটে সীমাহীন
জট বাঁধে সব পলেস্তারা র নীচে
খসে পড়ে তারা, করে দিয়ে বেরঙীন
আকাশ, রাতের মাঝে আলোচনা দ্রুত হয়
দম বাড়ে কিছু কাগুজে নিঃশ্বাসে
মন গলে কিছু মোম পুড়ে আলো হয়
ছাই জমে চাপা খবরী কাগজ মাঝে।
নিভু হয়, থেমে আসে ঘড়ির সে দম
বুড়োকাক দাঁড়ে বসে , বুড়ি ঘষে পুরোনো কলপ।
বড়ো কম, দাম ধরে দিয়ে মেটে ঠেকা কাজ
মুখে লাজ, খিদে পেটে ছাদ পেটে রাতদিন
ওরা ভুল বলে।

15. (১৪)

বুকের ভেতর জমছে অনেক কথার পাহাড়
হাত বাড়ালেই ভাঙছি নরম আস্কারাতে
শূন্য মুঠোয় বিষণ্নতা জমছে ভীষণ
চোখের কোণে দুর্বলতা ঢাকছি নিপুণ হাতের আঁচে
জমকালো সব ইচ্ছে গুলো ঝাপসা হলো চশমা কাঁচে।
যখন সময় পড়তো চিঠি ভাঙতো অনেক কাঁচের দেওয়াল
আমার পাড়া থাকত নীরব দেখত কেবল
গলির মোড়েই তোমার খেয়াল।
তখন সেসব জুড়িয়ে যেত বিকেল হবার আস্কারাতে
ডাইরি জুড়ে সাজিয়ে রাখা ময়লা রঙের দুই মলাটে
খুব ছোঁয়াচে গল্প গুলো তোমায় ছুঁতো কল্পনাতে।

16. (১৫)

এখানে নীরবতায় কান পাতা দায়।
তুমি যতটা বিহ্বল , যতটা স্নিগ্ধ
ঠিক ততখানি গন্ধ ছড়ায় ছাতিম ফুল আমার পাড়া জুড়ে।
তুমি যতটা বাস্তব , যতটা সহনশীল
ঠিক ততখানি শীত ছড়িয়ে যায় , সোয়েটারের হাতায়।
তুমি শূন্য জেনেও আমি হাত বাড়িয়ে থাকি
দূর থেকে ভেসে আসে কোনো অজানা পোকার একঘেঁয়ে
গান।
এই রাত আরো ঘন হবে জানি
যতটা ঘন হলে কাছে আসা হয় তার চেয়ে ভগ্নাংশ কম ,
নেপথ্যে বাজবে বিলাশপুরী কোনো এক বন্দিস।।

17. (১৬)

আমাদের দুজনের নাক বরাবর উঁচু কাগজি লেবুর গাছের
তলা দিয়ে উত্তর মুখে হেঁটে গেলে সেই ঘুম বাড়িটা আছে।
আমাদের বুকের মাঝে যে মস্ত ফ্লাইওভার সেটা পেরোলেই
আমি তোমায় ছুঁতে পারি। সেই ঘুম বাড়িটার দেয়াল জুড়ে
রং বে রঙের অর্কিড গল্প লিখে গেছে ইতিহাসের মতন।
সময় সেখানে পায়ে পাথর বেঁধে দাঁড়িয়ে পড়ে তোমায় দেখে
তোমার মত করে। বাড়ির পাশে আমার দীর্ঘশ্বাস এর মত
উঁচু ঝাউবন থমকে থাকে তোমার মন খারাপ হলে , দারুন
কুয়াশা মাখা দুপুরেও খিলখিলিয়ে রোদ হাসে ব্যালকনি জুড়ে
তুমি এসে এলো চুল মেলে দিলে। এ শহরের সব প্রবাদপ্রতিম
রাস্তা নত হয়ে যায় তোমার গলির মোড়েই।
আমাদের গল্প বলার ফাঁকে এক ঝাঁক পায়রা এসে খেলে
টেবিল চেয়ার জুড়ে । আমাদের চা শেষ হয় সব টুকু
ফুরিয়ে যাওয়ার আগেই ।।

18. (১৭)

শরীর জুড়ে বিশৃঙ্খলা র মানচিত্র
গাঢ় হয়ে আসা চোখের কোন
শিরদাঁড়া জুড়ে আলপিন ফোঁটা যন্ত্রনা
সবার মাঝেও খুব গোপন।

একটা আধচেনা ঘাসফুল
হাওয়ার আদরে নুইয়ে যায়
কিছু উড়তে থাকা পতাকা
রং হারিয়ে ফ্যাকাসে হয়।

একটা গভীর ঘুমের রাতে
স্বপ্ন দেখার নাম করে
টুপ করে খসে পড়ে দূরের একটা তারা।
একটা পলেস্তারা র টুকরো
পুরোনো দেয়াল থেকে খসে পড়তে গিয়েও আটকে যায়।

তোমায় গল্প করবো বলে
নিরুদ্দেশের পথে উৎসর্গ করি আমার শুকতলা
অভিজ্ঞতা র অভিপ্রায়ে অভিসারে অভিষেক হয়।

জনশূন্য পথে শহরের গভীরতা মাপতে বেরিয়ে পড়ি
প্যারামিটার হিসেবে রাখি এ হৃদয় , আর কাগজ কলম

মস্তিস্ক।

ঠিক তারপর,
ভোরের আলো নেমে আসে
ঘুম ভেঙে যায়।।

19. (১৮)

তুমি জেনো মরু ঝড় তুলে দেওয়া সাইক্লোন হবো আমি
বৃষ্টি হবো প্রখর দাবদাহের দুপুরে
আমিই ধ্বংস করবো হিরোশিমার আদলে তৈরি তোমার
অভিমান
শান্ত সন্ধ্যেবেলায় সন্ধ্যামালতির গন্ধ হয়ে ছড়িয়ে যাবো
চারপাশ ।
এখানে বৃষ্টি হয় বারোমাস মন খারাপের নামে
আমি শীতের বেড়া ভেঙে দেবো বসন্তর আহ্বানে ।
সব খয়েরী রঙা রাস্তা গুলো আবার রঙিন হবে
আবার সেলুলয়েডে বিকিয়ে যাবে মুহূর্ত গুলো
রুপোলি হবে যুগান্তরের নামে।।

20. (১৯)

আবার একটা ঠান্ডা হাওয়ার রাত
ঘুমের মতন তুমি আসতে পারো।
এখন শুধু তোমায় নিয়েই ভাবি
তোমায় নিয়েই কাটবে জীবন আরো ।
মেঘবালিকা ডাকতে পারি তোমায়?
কোন নামতে ডাকলে দেবে সারা?
বোবা ফোনে চোদ্দ টা মিসড কল
তুমি জানলে না শুনলো সারা পাড়া।
তোমার জন্য আমার এ মন ঘুড়ি
ঘুরতে ঘুরতে হোঁচট খেয়েই মরে।
বগ্গা, চাঁদি, পেটকাটি দের ভিড়ে
তোমার ছাদেই লাট খেয়ে খেয়ে পড়ে।
এখন ওসব সেসব দিনের কথা
এখন তুমি আমায় নিজের ভাবো
ইচ্ছে করে আগের কথা ভেবেই
তোমায় নিয়েই ফের পালিয়ে যাবো।।

21. তুমি

তুমি দেয়াল জুড়ে এঁকে ফেলা কোনো প্রাচীন মানচিত্র
তুমি বাস্তব নাকি নির্ঘুম কোনো রাতের পরাবৃত
কোন সম্পর্কের সমঝোতাতে নিয়ামক ধরে হাঁটলে
কোন রীতিতে সব স্থিতি বদলালে ,হাতের মুঠো আগলে?
তুমি কোলাহল নাকি ভুলে যাওয়া গানে প্রথম কলির সন্ধ্যে
তুমি আসলেই কেনো ভরে যায় পাড়া নরম ফুলের গন্ধে
তুমি হেঁটে গেলে কেনো ঘাসফুল গুলো পড়ে যায় দ্বিধা দন্দ্বে
তুমি হেসে দিলে আজো সূর্যমুখীর দল পড়ছে ধন্দে।।
তুমি রোদ্দুরে ভেজা দুপুরবেলায় ঠান্ডা একটু হাওয়া
তুমি বুড়ো নাবিকের উজানের টানে ডিঙি নৌকা বাওয়া।
তুমি দেওয়ালেতে এসে ঠেকে যাওয়া পিঠে ঘুরে দাঁড়াবার
শক্তি
তোমার মেলে দেওয়া হাতে লিখে রাখা আছে সব মুক্তির
যুক্তি।

পরিচিতি

অভিষেক একজন বায়ো ফিজিক্স এর ছাত্র,বর্তমানে কল্যাণী বিশ্ববিদ্যালয়ে মাস্টার ডিগ্রি তে পাঠরত। পড়াশুনার পাশাপাশি গান গাওয়া , গান/ কবিতা লেখা একপ্রকার নেশাই বলা যায় । এই বই তাঁর প্রথম বই।

www.ingramcontent.com/pod-product-compliance
Lightning Source LLC
Chambersburg PA
CBHW061409160726
47995CB00002B/529